LA VÉRITÉ

A UN PAYSAN

Par J. FABRE

NIMES

IMPRIMERIE ROGER ET LAPORTE

5, place Saint-Paul, 5.

1880

CHER AMI,

Je t'adresse cette petite brochure qui ne contient que des vérités que nous tous, paysans et travailleurs, connaissons depuis l'âge de 20 ans, mais dont nous nous gardons bien de nous entretenir. Si nous en parlions sérieusement, nous ne serions pas, depuis que le monde existe, de père en fils, des valets et des esclaves, parce que nous finirions bien par ouvrir les yeux à la lumière qui nous éblouit.

Au lieu de raisonner sur ces vérités, nous faisons comme jadis certains remplaçants qui, avant d'aller rejoindre leur corps, mangeaient le montant de leur remplacement jusqu'au dernier sou. Ces hommes tenaient leur argent dans un petit sac où ils puisaient à poignée et sans compter; ils ne voulaient pas savoir ce qu'ils prenaient. Si, au contraire, ils avaient compté sou par sou ce qu'ils dépensaient, ils auraient compris certainement que cet argent ne pouvait toujours durer; et, probablement, se seraient arrêtés avant d'en avoir vu la fin. C'eût été le contraire de la parole célèbre, ils n'auraient « pas été jusqu'au bout. »

Eh bien ! nous faisons de même à l'égard des gouvernants, nous ne songeons pas à nous rendre compte comment il régissent les affaires du pays, comme si nous avions lieu d'être satisfaits.

On peut le dire sans crainte d'être démenti, c'est le fruit des insanités qu'on nous a enseignées dès notre enfance. Si, au contraire, on nous avait appris des choses utiles, si on avait développé notre intelligence, nous serions hommes à demander raison à ceux qui nous traitent si mal, tandis que nous ne le pouvons pas.

Les gouvernants le savent si bien que de tout temps ils ont abusé de notre ignorance et de notre naïveté en les exploitant. Et comment n'en auraient-ils pas abusé, lorsque la plupart de nous ont toujours approuvé leur conduite ou sont restés indifférents ? Je me souviens qu'en 1851-52, alors que l'on arrêtait de nombreuses personnes dont le seul crime était d'être suspectées de républicanisme, avoir entendu des gens, que la faim dévore aujourd'hui, tenir ces propos : « Dis, Jean, tu es bien du parti de l'ordre, toi ? » Insensés ! pères dénaturés qui semblaient non-seulement approuver ces actes arbitraires, mais encore craindre que leurs enfants ne fussent aussi malheureux qu'eux.

Etait-ce être du parti de l'ordre que d'approuver les hommes qui nous traitaient en esclaves et s'enrichissaient à nos dépens, sans qu'il fût permis de se plaindre ? N'appartenaient-ils pas plutôt au parti du désordre, au parti d'une bande qui se précipitait sur nous comme les loups affamés se jettent sur les brebis ?

Cher ami, tu as des fils, me dis-tu, eh bien ! fais en des hommes; enseigne-leur la marche des affaires; ce que sont les différentes sortes de gouvernements, comment ils nous traitent, et comment nous devrions être traités. Dis-leur bien, que, quoi qu'on leur fasse, et quoi qu'il leur arrive, de ne jamais se décourager, et surtout de ne jamais jeter le manche après la cognée ; au contraire, qu'ils soient toujours courageux, ardents et ils vaincront les gens qui auront voulu leur faire du mal. Comme on dit : les jours se suivent, et ne se ressemblent pas ; après l'orage, le beau temps.

Parle leur des gens qui marchent droit et de ceux qui marchent de travers. Dis-leur que marcher droit, c'est l'honnêteté, le contentement en soi et dans sa famille ; et marcher de travers, c'est déshonorer son nom, c'est l'inquiétude en soi et dans sa maison.

Parle-leur aussi de ceux qui, par leur labeur, font bien leurs affaires, et de ceux qui, par leur fainéantise, les font mal. Dis-leur que le travail est la mère du bien-être, le trésor de la famille ; que, sans le travail, rien de bien n'est possible ; il n'y a que la misère.

Parfois, en plaisantant, on dit : le travail c'est la liberté. Cela est une grande vérité ! parce que celui qui travaille arrive inévitablement à se passer de ses voisins, et, par conséquent, devient un homme libre ; tandis que celui qui ne travaille pas, en a toujours besoin, et, par suite, n'est qu'un malheureux esclave.

Celui qui ne travaille pas est un fou ou le dernier des hommes. Il est un fou parce qu'il n'a pas connaissance de lui-même, de ce qu'il est ; comme un insensé, il reste les bras croisés devant le travail qui le nourrit, et le met dans le bien-être.

Il est le dernier des hommes, parce qu'il montre qu'il n'aime pas sa famille, qu'il ne s'aime pas lui-même ; plutôt que de travailler, il préfère manquer de tout, et être une brute.

Dis-leur bien aussi de lire et d'écrire, dès qu'ils ont un

moment de loisir. La lecture, c'est la lumière qui éclaire la famille; l'écriture, c'est l'arme avec laquelle nous, paysans et travailleurs, pouvons plus sûrement défendre nos droits et les faire valoir.

Fais-leur comprendre de se passer, autant qu'il dépendra d'eux, des hommes d'affaires qui tirent notre argent, comme les sangsues appliquées sur le corps sucent notre sang.

Apprends-les à laisser l'église aux gens qui vivent d'elles : ce n'est pas en fréquentant l'église qu'on devient homme Et d'abord l'honnêteté n'est pas dans les grimaces. Les prêtres qui nous disent d'aller à l'église, ne sont que des agents payés de nos deniers, et qui, depuis le 1er janvier jusqu'au 31 décembre, ne nous prêchent que soumission, des contes à mourir debout, en nous disant que plus nous sommes pauvres, plus nous sommes privés du bien-être de ce monde, plus nous serons heureux dans l'autre.

Si cette doctrine est vraie, pourquoi ne la pratiquent-ils pas? — il leur serait si facile d'être pauvres — au lieu d'avoir belle habitation, bon lit, bon feu l'hiver et bonne table?

Laissons pour ce qu'ils sont ces hommes. Encore une fois, ouvrons les yeux à la lumière, et nous deviendrons notre homme d'affaire, notre juge, notre médecin, notre prêtre, tout enfin; et alors seulement, nous mériterons le beau nom d'homme.

Ton ami bien dévoué,

J. Fabre.

LA VÉRITÉ A UN PAYSAN

Pauvres paysans et travailleurs, comme nous sommes maltraités ! C'est notre dur labeur qui fournit à la société le luxe qu'elle étale, le bien-être dont elle jouit, les aliments qui lui sont indispensables et cependant combien peu sommes-nous estimés et rétribués, lorsque c'est le contraire qui devrait être.

Quand donc arracherons-nous le bandeau qui nous couvre les yeux? Attendrons-nous d'être complètement anéantis et incapables de nous relever ?

Nous payons de fortes contributions pour nos propriétés, qui ne nous rapporteraient rien sans le travail opiniâtre qu'elles nous coûtent, et parfois encore les intempéries des saisons viennent détruire les récoltes pendantes, quand les opulents capitalistes ne paient rien pour leurs millions placés sur l'Etat entre les mains de qui ces millions, non-seulement se trouvent à l'abri du mauvais temps et des faillites, mais encore leur rapportent un intérêt considérable.

En outre, nous qui ne possédons rien ou bien peu de choses, faisons *cinq ans* de service militaire, tandis que les riches ne font qu'*un an*, parce qu'ils paient 1,500 francs à l'Etat, et qu'ils ont pu, par l'instruction qu'ils ont reçue, subir avec avantage les examens du volontariat. Ils paient 1,500 francs ! mais cette somme n'équivaut pas à un franc sorti de la poche d'un paysan ou d'un travailleur.

Il est vrai que les députés républicains radicaux, qui ne sont pas nombreux malheureusement, réclament à grands cris un impôt sur la rente afin de dégrever nos contributions qu'il nous sera bientôt impossible de payer faute de récoltes. Il est vrai qu'ils demandent aussi l'égalité du service militaire pour tous, parce que, disent-ils avec juste raison, c'est bien le moins que les millionnaires fassent autant de service que les paysans et les travailleurs. Ils le demandent réduit à *trois ans* parce qu'au bout de trois ans, le soldat est capable autant qu'il ne le sera jamais, et alors pourquoi serait-il retenu plus longtemps sous les drapeaux, lorsque surtout, en cas de guerre, l'Etat peut le rappeler ?

Mais ces deux questions, qui nous intéressent au plus haut degré quand se résoudront-elles? Les députés monarchistes et un grand nombre d'autres ne veulent à aucun prix ni l'impôt sur la rente ni l'égalité du service militaire. Pourquoi ? parce qu'ils ne nous considèrent pas comme leurs semblables, leurs égaux, mais bien comme des gens de qui l'on doit tout exiger !

Vraiment, on croit rêver lorsqu'on pense aux inégalités dont nous sommes les victimes. Et il en sera toujours ainsi tant que nous n'aurons pas souci de notre avenir et surtout de celui de nos enfants ; c'est-à-dire, tant que nous ne lirons pas assidûment un journal qui défende sincèrement nos intérêts, et tant que nous ne donnerons pas à nos enfants une bonne instruction surtout laïque, ce qui est la vraie lumière sans laquelle tout est dans l'ombre.

Sans doute nous envoyons nos enfants à l'école, mais nous ne cherchons pas à nous assurer si leur instituteur est capable, s'il est plein de mansuétude ou non. Nous nous gardons bien de les faire lire et écrire, de les encourager à s'instruire et de leur montrer un avenir différent que celui de porter le *sacol* depuis le 1er janvier jusqu'au 31 décembre. Mes enfants, disons-nous, en sauront toujours assez pour manier le *béchart* ; et puis, ils ne veulent pas devenir préfets !

Insensés que nous sommes ! quel raisonnement stupide ! Nous ne prétendons pas faire de nos enfants des préfets ! Non, ils ne le deviendront pas. L'emploi de préfet et un grand nombre d'autres n'ont pas été créés pour les paysans et les travailleurs, sauf de rares et très-honorables exceptions ; à nous, on donne les emplois de gendarmes, garde-champêtres, cantonniers et autres de la même espèce, ce qui n'empêche pas qu'on nous fait payer de fortes contributions pour solder les gros traitements.

Pourtant si nos enfants devenaient tant soit peu capables de se faire écouter des gouvernants, pourquoi n'occuperaient-ils pas des fonctions élevées? Sous un gouvernement républicain, si nous étions instruits, c'est nous qui, de droit, devrions occuper les emplois quels qu'ils soient, parce que la République est notre gouvernement comme la Monarchie est celui des monarchistes. Or, la République étant le gouvernement actuel, c'est à nous, à nous seuls qu'il appartient d'en occuper les emplois. Et dire qu'il en est tout autrement! Il est donc de toute importance que nous ne négligions rien pour que nos enfants acquièrent de l'instruction et surtout pour qu'ils deviennent des hommes.

Ah! messieurs les conservateurs quelles gens! tout pour eux et rien pour nous. Il y a peu d'années, les henriquinquistes, les ultra catholiques enfin étaient les seuls cléricaux; aujourd'hui, les bourgeois bonapartistes, orléanistes et autres encore, sont aussi devenus cléricaux, parce qu'ils savent par expérience qu'il n'est rien comme le clergé pour les aider à nous mener par le bout du nez, nous duper à leur gré et nous faire payer les impôts.

Méfions-nous donc et tenons-nous en garde contre ces gens qui, libéraux d'autrefois et réactionnaires aujourd'hui, veulent nous mettre sous leurs griffes pour mieux nous tenir. N'oublions pas que nos ancêtres payaient la dîme;

actuellement ce serait pire pour nous si ces hommes étaient nos maîtres. S'ils le pouvaient! ils accapareraient le soleil afin de nous en priver, dussent-ils le tenir caché dans leurs armoires, comme ils y tiennent leurs titres de rente. Sachons-le bien, les monarchistes et leurs amis sont à nous ce que les loups sont aux brebis.

Ces gens qui ne croient à rien veulent nous imposer une croyance, afin de nous tenir par la crainte des peines spirituelles; et pour y parvenir, ils font, à l'occasion, les hypocrites; ils nous flattent, ne nous marchandent pas les poignées de mains, et nous disent que tout irait bien mieux si nous écoutions leurs conseils. Mais leur passé nous dit trop quel serait notre avenir si nous étions assez naïfs pour les écouter : ils nous traiteraient comme des esclaves.

Lorsqu'ils sollicitent nos suffrages, ils se gardent bien de nous dire qu'ils aspirent à un bon emploi pour eux, leurs fils, leurs gendres, leurs neveux et leurs cousins; loin de là; ils parlent, même bien haut, de défendre la religion, de vouloir la paix, l'ordre et un tas de choses qui n'ont aucun sens.

Les attrappe-badauds! mais qui songe à attaquer la religion? Est-ce que quelqu'un au monde peut empêcher de croire à Dieu ou au diable? Ils ne l'ignorent pas, mais ils savent aussi que ce moyen est encore efficace pour s'attirer les suffrages des imbéciles.

En l'année 1848, ils disaient que les républicains (rouges, aujourd'hui radicaux) voulaient le partage des biens,

Actuellement, ils ne tiennent plus ce langage, parce qu'ils savent qu'ils seraient la risée des gens raisonnables. Néanmoins, ils persistent à vouloir faire croire aux niais que les vessies sont des lanternes.

Ils parlent de vouloir la paix. Mais qui, mieux que nous, la désire, puisque c'est nous, paysans et travailleurs, qui, pour défendre le pays, sommes forcés d'affronter les périls de la guerre? Et qui plus que nous veut l'ordre? Ne sont-ce pas messieurs les monarchistes qui ont fait le 16 Mai; le 16 Mai, si préjudiciable à la vente de nos cocons, de notre soie; et ce mal, quand cessera-t-il?

Et dire que malgré ces innombrables duperies, il se trouve encore parmi nous des électeurs assez complaisants pour donner leurs suffrages à ces gens qui ne nous souhaitent que misères et calamités. Du reste, voici ce qu'ils entendent nous dire dans les professions de foi qu'ils nous adressent, sollicitant nos suffrages :

« Paysans et travailleurs !

» Vous êtes des bêtes, des ânes qui portez bien la
» *barde*; nous vous en félicitons; afin qu'il en soit
» toujours ainsi, il faut des hommes qui tiennent par
» le licol ceux d'entre vous qui se récrient et font les
» récalcitrants, nous demandons à être ces hommes;
» votez pour nous. »

On peut dire qu'en peu de mots, ces messieurs nous dévoilent toute leur pensée. Certes les électeurs qui votent pour de telles gens sont bien coupables; mais les députés républicains sont plus coupables qu'eux, parce qu'ils ne travaillent pas assez à réformer les lois qui nous intéressent. Le jour où ils feront ces réformes dont nous avons si grand besoin, ce jour-là, dis-je, nous serons tous avec eux parce que nous désirons notre bien-être, et par conséquent le dégrèvement des impôts.

Certainement, les traitements des fonctionnaires qui étaient si élevés sous les gouvernements monarchiques, ne le sont pas autant sous le gouvernement de la République, tant s'en faut. Le président de la république, par exemple, ne touche pas trente six millions par an, comme NAPOLÉON III (24 pour lui et 12 pour sa famille); ni certains fonctionnaires ne reçoivent pas non plus 250 mille francs d'appointements, comme les touchaient mainst individus, sans compter tout ce qu'ils voulaient, car ils puisaient sans contrôle dans le trésor; ce qui n'empêche pas que certains traitements de 200, 100, 80, 60 et 20 mille francs sont encore excessifs ; 12 mille francs au plus par an nous paraissent une rémunération bien suffisante, puisque c'est nous qui les payons, nous qui travaillons nuit et jour pour gagner un morceau de pain.

Et non-seulement on donne à un grand nombre de fonctionnaires les gros traitements susdits, mais encore à tout fonctionnaire de l'Etat, après 10, 15, 20 et 25 ans on alloue un tiers, la moitié, les deux tiers de leurs appointements, et cela pendant tout le restant de leurs jours ; c'est ce qu'on appelle une retraite.

Rien de mieux que la personne qui a servi la société pendant un certain nombre d'années, ait une retraite, ou du moins du pain à manger. Mais nous, paysans et travailleurs, servons aussi la société et ne jouissons pas pour cela des mêmes avantages. Pourtant chacun de nous n'en fournit pas moins à la société sa quote-part de travail. Les uns forgent le fer pour la culture, ou pour tout autre chose, construisent la charrue, les vagons ; les autres bâtissent les maisons, fabriquent les étoffes, etc. ; et enfin, servons tous la société, plus utilement et plus péniblement qu'aucun fonctionnaire de l'Etat qui, pour la plupart, la servent dans de beaux salons et par conséquent à l'abri du mauvais temps.

Une retraite à nous, paysans et travailleurs, allons donc! Lorsque nous sommes âgés, et ne pouvons plus travailler, si, manquant de pain, nous venons à tendre la main, nous sommes arrêtés comme vagabonds. Voilà notre retraite ! Voilà donc cette belle égalité que les gouvernants font sonner si haut! O gouvernants! quand ferez-vous pour nous, qui vous nourrissons, ce que l'on a fait pour d'autres, qui ne valaient pas plus que nous ?

Nous pouvons le dire, malgré quelques progrès indiscutables, nous sommes à peu près dans la même position de nos pères avant 89. Avant cette époque, ils payaient la dîme, c'est-à-dire tous les impôts, et étaient traités comme des bêtes de somme, quand les seigneurs ne payaient rien pour leurs immenses domaines et jouissaient de tous les privilèges. Aujourd'hui, les bourgeois qui, sous certains rapports, ressemblent beaucoup aux seigneurs, sont exonérés de l'impôt pour leurs millions placés sur l'Etat, leur rapportant un intérêt considérable, et jouissent aussi de toutes les faveurs.

Mais ce qui était le pire de cette monstruosité, c'étaient les prêtres qui faisaient marmoter à nos pères, dans leurs prières, ceci : *Tu paieras la dîme justement.* Et dire que nos aïeux étaient assez naïfs pour réciter matin et soir cette prière et l'apprendre à leurs enfants.

On le voit, jusqu'à ce jour les gouvernements n'ont rien fait pour alléger nos charges, soulager nos maux; et il en sera ainsi jusqu'à ce que nos bulletins de vote disent : c'en est assez enfin ! Pour prévenir toute révolte de notre part, car ils savaient que nous comprenions combien nous étions dupés, ils tenaient (ce qui a encore lieu) dans chaque commune, un prêtre ou deux qu'ils payaient de nos deniers pour nous prêcher la soumission, les ténèbres afin que, pauvres brebis, nous nous laissassions tondre selon leur bon plaisir.

Et les prêtres s'acquittent au mieux de cette mission ; eux qui devraient être nos amis les plus sincères, nos plus ardents défenseurs, sont, au contraire, nos ennemis jurés. Les malheureux ! ils oublient qu'ils sont pour la plupart issus de paysans et de travailleurs et qu'ils sont payés de nos deniers.

Les prêtres ! Ils sont les meilleurs et les plus forts auxiliaires des gouvernants. Actuellement ils semblent faire les rebelles, mais il n'en est rien. Leur platitude et leur servilisme envers tous les gouvernements jusqu'à ce jour, montrent bien ce qu'ils sont. Et du reste, que peuvent être des hommes qui se font prêtres pour s'exonérer du service militaire, de porter le *sacol* et de travailler enfin ?

Si depuis quelques années, les prêtres, les évêques, par exemple, se récrient contre les hommes qui sont au pouvoir, c'est qu'ils craignent que la République ne nous soit plus favorable que la monarchie.

On n'a pas oublié qu'en 1851, au lieu de protester contre le coup d'Etat, ou tout aumoins contre les innombrables arrestations et déportations en Afrique, à Cayenne ou ailleurs, qui s'ensuivirent, et d'où un grand nombre de déportés ne sont plus revenus, les prêtres chantèrent le *Te Deum,* les évêques acceptèrent de Napoléon des places de sénateur à trente mille francs par an, et, pendant son règne, des décorations qui furent nombreuses; certains d'entre eux furent décorés de la croix de commandeur, autant que les généraux qui ont fait de nombreuses campagnes. Voilà comment ces Messieurs nous défendent ! Non, encore une fois, jamais ils n'ont revendiqué nos droits ; loin d'eux cette bonne pensée. Au contraire, plus nous sommes pauvres, malheureux, plus ils s'en réjouissent, tout en faisant semblant de nous plaindre.

Quand donc cet état de choses si triste à notre égard cesserat-il ! O députés ! vous ne savez parler qu'avant votre élection, mais dès qu'elle est devenue un fait accompli, alors vous ne savez que vous taire. Ne vous étonnez donc point si un grand nombre de vos électeurs qui vous étaient si dévoués murmurent contre vous aujourd'hui ; ils sont las d'attendre les réformes promises depuis tant d'années et toujours ajournées.

N'est-ce pas une injustice des plus flagrantes qu'une partie des impôts, que nous avons tant de peine à payer, serve à un certain nombre de fonctionnaires à étaler un luxe dont nous n'avons pas d'idée, lorsque, hélas ! nous, pauvres diables, manquons de tout ?

N'est-il pas honteux que les gouvernants nous imposent une religion à laquelle ils ne croient pas, parce qu'ils savent qu'ils se déshonoreraient et pour laquelle ils ne nous en font pas moins payer des millions à ses apôtres qui n'y croient pas davantage, et auxquels nous payons encore, de la main à la main, des sous dont le total s'élève aussi à des millions ?

Pourquoi laisser subsister encore, à l'entrée des villes, une barrière qu'on appelle l'octroi, au delà de laquelle nous ne pouvons rien passer sans payer un droit, et où notre sac de voyage est fouillé comme l'est un malfaiteur à son entrée dans une prison, quand il n'est rien demandé à ceux qui ont l'apparence de bourgeois? Au contraire, les employés de l'octroi se découvrent sur leur passage. L'octroi ! c'est pour les paysans et les travailleurs des villes une abomination ; c'est la dîme déguisée.

N'est-il pas honteux que les aliments soient frappés d'impôts qui les renchérissent beaucoup, lorsque l'on devrait tout faire pour qu'ils fussent aussi bon marché que possible?

Pourquoi faut-il aussi que nous soyons obligés de payer au décès de notre père un impôt exorbitant, qu'on appelle droit de succession? Payer un impôt pour notre père qui n'est plus de ce monde, quelle aberration!

De même, s'il plaît à un parent, un frère, par exemple, de nous faire un don, à moins qu'il ne le fasse de la main à la main, nous payons encore un impôt exorbitant. Mais si le don est en immeubles comment l'héritier, s'il n'a pas le sou, peut-il payer en espèces sonnantes le montant de cet impôt? Vendre l'immeuble; très bien, mais encore faut-il trouver un acquéreur? Ce droit de succession, outre qu'il est fort lourd, est encore quelquefois une cause de non acceptation d'héritage. Car si on vous laisse de l'argent ou des propriétés que vous ne toucherez qu'à la mort d'un usufruitier, vous êtes tenu d'en payer les droits dans les six mois qui suivent la mort de celui qui vous a fait légataire. Or, de deux choses l'une, ou vous n'êtes pas en mesure de payer, et vous renoncez à votre legs, ou bien vous payez et ne devenez propriétaire que bien longtemps après (quelquefois 15 ou 20 ans); et alors la somme que vous avez versée au trésor, plus les intérêts capitalisés, s'élèvent à un double ou un triple droit. De même, si vous venez à mourir, vos héritiers devront payer à nouveau des droits pour une somme qu'ils n'auront pas touchée, ou des biens dont ils ne jouiront pas! Cela est-il juste? Et ne pourrait-on pas faire disparaître de nos lois, une pareille anomalie?

N'est-ce pas une honte que si un rat-de-cave nous rencontre portant une dame-jeanne de vin, même de la piquette, il nous dresse un procès-verbal qui nous coûte fort cher ?

Est-il juste qu'à l'époque où la chasse n'est pas prohibée nous ne puissions chasser dans un terrain nous appartenant, pas même tirer un coup de fusil, ne fût-ce que pour décharger notre arme, sans payer un impôt ? On le voit, on ne peut rien faire, changer de place les pieds sans être obligé de payer un impôt; sur toutes choses, il faut payer.

Encore un mot : Est-ce que dans une société bien organisée, l'on devrait voir des gens ne sachant pas manier l'outil, employer tous les moyens pour nous écraser quand, au contraire, ils devraient nous récompenser, puisque sans nous ils ne pourraient vivre ou bien ils seraient obligés de travailler eux-mêmes et alors à quoi leur servirait l'or qu'ils ont entassé ?

Et dire que maintes fois, malgré les menaces qui nous étaient faites par les gouvernants d'alors, nous avons élu députés, des hommes qui avaient promis de réclamer hautement la suppression de tous ces impôts arbitraires qui, sous un gouvernement républicain, déshonorent plus encore les gouvernants qui les ordonnent que nous qui les payons parce que nous subissons la force; des hommes qui avaient promis de réclamer aussi la suppression de tous les emplois inutiles, la réduction des gros traitements, etc.; et lorsqu'ils ont été élus, lorsqu'ils ont eu le pouvoir de tenir leurs promesses ils n'ont rien demandé, ont changé de langage, ont fait de grands discours qui ne disaient rien, mais qui contenaient de grandes phrases; voilà comment ils ont cru nous satisfaire ! Et du reste, voici ce qu'ils entendent nous dire :

« Paysans et travailleurs !

» Vous êtes de braves gens; vous payez bien vos
» impositions quoique vos propriétés ne vous rapportent
» rien ou peu de choses, à cause du phylloxéra et de la
» non réussite des vers à soie, cela vous fait honneur.
» Continuez à les payer et vous aurez toute notre estime,
» mais nous nous garderons bien de vous en dégrever
» d'un sou, nous vous laisserions exproprier plutôt
» 20 fois. »

Voilà qui est parlé ! n'est-ce pas se railler on ne peut plus impunément de nous ? Eh bien ! après tant d'avanies à notre égard, il ne se trouve pas en France *cinq* ou *six cents* hommes — un par circonscription — qui présentent, avec la sincère intention de le faire exécuter dès leur arrivée à la Chambre, le programme ci-après :

« Suppression immédiate de tous les impôts indirects et de tous les emplois inutiles.

» Réduction des gros traitements à 12 mille francs par an pour les plus élevés.

« Même impôt sur la rente que sur la propriété, ce qui serait justice.

» Service militaire obligatoire pour tous, réduit à deux ans.

» Ecoles laïques, gratuites, obligatoires, dirigées par des instituteurs très-instruits.

» Liberté des cultes, à condition que les partisans de chaque culte paient leurs apôtres.

» Liberté d'écrire, de parler et de se réunir, liberté sans laquelle nous, paysans et travailleurs, ne sommes rien et ne pouvons rien.

» *Création* d'une banque nationale qui prêterait aux paysans aux taux le plus bas possible, au 2 1/2 pour cent, par exemple, l'argent nécessaire pour cultiver la propriété qui, bientôt, ne rapportera rien faute de culture ; qui prêterait aussi aux travailleurs associés de l'argent pour exploiter divers travaux, sans quoi, ils seront toujours des esclaves. »

Je le demande, quel serait celui de nous qui ne donnerait pas son suffrage au candidat qui présenterait ce programme quoique bien incomplet ? Ce ne pourrait être qu'un insensé ou un misérable qui n'aurait nul souci ni de son avenir, ni de sa dignité, et encore moins de l'avenir et de la liberté de ses enfants.

Mais si un candidat ne présente pas ce programme, nous devons le lui proposer et même le lui imposer, car c'est à nous qu'il appartient de dicter ce qui touche à nos intérêts, parce que nul mieux que nous ne connaît nos besoins.

Eh quoi ! lorsqu'un négociant charge ses représentants de lui vendre des marchandises, ne leur en fixe-t-il pas le prix? Ah! s'il leur disait: vendez mes marchandises selon votre conscience; dans peu de temps, aussi riche qu'il pût l'être, ce négociant serait ruiné. Mais non seulement il fixe le prix de ses marchandises à ses représentants, mais encore il est toujours libre de leur retirer le mandat qu'il leur a donné.

On dira que les députés ne sont pas des représentants de commerce. Non, sans doute, mais ils sont les représentants des paysans et des travailleurs, leurs délégués ou mandataires, comme on voudra les appeler, qu'ils élisent, envoient à la Chambre faire leurs affaires et qu'ils paient fort bien pour cela. Je dirai plus, tous les fonctionnaires, depuis le plus humble jusqu'au plus élevé, appointés par l'Etat, ne sont que nos employés. Pourquoi? parce qu'ils sont payés de nos deniers. Et dire que nous considérons ces gens comme nos maîtres; nous allons à leur rencontre, quand ce sont eux qui devraient venir à nous.

Donc, encore une fois, exigeons que nos députés fassent les réformes dont nous avons si grand besoin et promises depuis tant d'années; que, leur session terminée, chacun dans sa circonscription nous donne immédiatement rendez-vous dans chaque chef-lieu de canton, s'il le faut, dans chaque commune, et nous rende compte de ses votes et du langage qu'il a tenu à la Chambre. Là, nous lui dirons s'il a bien rempli son mandat. Si oui, il continuera à être notre représentant; si non, nous le prierons, et au besoin nous le sommerons, de se démettre et nous en nommerons un autre.

Le jour où nous agirons ainsi à l'égard de nos représentants, ce jour-là, dis-je, le monde entier qui nous regarde dira que nous sommes des hommes et admirera notre judicieux bon sens. Jusque-là, il dira que nous ne sommes que des badauds et ne nous considérera pas autrement.

Nîmes, imp. ROGER et LAPORTE, place Saint-Paul, 5. — 10-80

www.ingramcontent.com/pod-product-compliance
Lightning Source LLC
LaVergne TN
LVHW020455230826
846091LV00008BA/3216

* 9 7 8 2 0 1 1 9 4 1 5 2 7 *